# Hans Glader

# Wintergäste

Reihe »Niederrhein erleben«

Hans Glader

# Wintergäste

## Zugvögel am Niederrhein

Mercator-Verlag

*Meinem Kollegen Dr. Johan H. Mooij möchte ich für die fachliche Hilfestellung und für die Überprüfung der Verbreitungskarten herzlich danken.*

*Hans Glader*

Die Deutsche Bibliothek – CIP-Einheitsaufnahme
Ein Titelsatz für diese Publikation ist bei der Deutschen Bibliothek erhältlich.

Gestaltung: Heike Markwitz
Kartographie: Harald Krähe

Verlag Fachtechnik + Mercator-Verlag, Duisburg
ISBN 3-87463-325-X

# Inhalt

# Der Untere Niederrhein –
## das wichtigste Rast- und Überwinterungsgebiet im Binnenland

Die Landschaft ab Duisburg bis zur holländischen Grenze gehört zur Landschaftseinheit „Untere Rheinniederung" und ist Teil des „Niederrheinischen Tieflandes". Vor etwa drei Millionen Jahren war dieses Gebiet noch vom Meer überflutet.

Maßgeblich geprägt wurde der Niederrhein von Rhein, Maas und den zahlreichen Nebenflüssen. Charakteristisch ist das Vorkommen ausgedehnter Niederungszonen mit hohem Grundwasserstand, die allerdings heute, bedingt durch die technischen Möglichkeiten, weitgehend entwässert sind und damit intensiv landwirtschaftlich genutzt werden.

Dennoch finden wir auch heute noch Feuchtwiesen, Alt- und Stillgewässer, Auen- und Bruchlandschaften. Nicht nur die genannten großen und kleinen Fließgewässer prägten diese Landschaft, sondern auch der Mensch veränderte durch seine Nutzung immer wieder das Erscheinungsbild des Niederrheins.

Charakteristisch und typisch für diese alte Kulturlandschaft entlang des Rheines sind aber auch Pappelreihen, Hecken, Einzelgehölze und die markanten Kopfbäume. Seit Anfang des vorigen Jahrhunderts wirken sich die durchgeführten Eindeichungen und die Begradigung des Rheins negativ auf die Landschaft aus. Die Begradigung des Stromes und das damit

schnellere Abfließen des Wassers führten zu einer Vertiefung der Rheinsohle von bis zu drei Metern. Dies führt zur weiteren Absenkung des Grundwassers. Nicht nur durch die intensive landwirtschaftliche Nutzung verändert sich das Landschaftsbild nachhaltig, sondern vor allem durch die Gewinnung von Sand und Kies. Die Landschaft wird buchstäblich abgegraben. Es entstehen große Wasserflächen, die zum Teil zwar wieder zugekippt werden, allerdings oft mit Fremdmaterial wie Bauschutt oder Industrieabfällen und Bergematerial.

Der Untere Niederrhein gehört zum Regierungsbezirk Düsseldorf. Hier leben über fünf Millionen Menschen. Damit gehört er zu den einwohnerstärksten und dichtbesiedelsten Regierungsbezirken Deutschlands. Hier leben aber nicht nur viele Menschen.

In den Wintermonaten versammeln sich am Niederrhein Hunderttausende Enten, Gänse, Schwäne und andere Wasservögel. Aber nicht nur Wasservögel verbringen hier den Winter, sondern auch zahlreiche Greifvögel, Wat- und Singvögel wie etwa Kiebitze, Brachvögel, Wacholder- und Rotdrosseln. Aus diesem Grunde wurden große Teile des Unteren Niederrheins im Jahre 1983 als Feuchtgebiet von internationaler Bedeutung ausgewiesen. Die verschiedenen Entenarten,

*Nordische Wildgänse überfliegen bei Wesel eine Industrieanlage.*

Sing- und Zwergschwäne, Gänse- und Zwergsäger halten sich vorwiegend auf den bereits erwähnten zahlreichen Wasserflächen auf.

Am auffälligsten für die Besucher sind allerdings die großen Gänseschwärme. Bis zu 180.000 Tiere versammeln sich in manchen Jahren am Niederrhein. So sind zum Beispiel bis zu 30 % der in Europa überwinternden Blässgänse hier zu finden. Dies war nicht immer so. Waren es in den 1960er Jahren noch weniger als 20.000 Tiere, so sind es heute etwa 150.000 Exemplare. Wie kam es zu dieser gewaltigen Veränderung? Der Weltbestand der Blässgänse hat sich nicht wesentlich verändert. Die Gänse in den anderen Überwinterungsgebieten (Südosteuropa) sind

*Vor der Kulisse von Emmerich, in den überschwemmten Rheinwiesen, äsen Tausende Wildgänse.*

aufgrund verschlechterter Bedingungen zunehmend nach Westeuropa umgezogen. Das Hauptüberwinterungsgebiet liegt in den Niederlanden, wo sich bis zu 600.000 Gänse versammeln. Die Brutgebiete der Wildgänse befinden sich auf Grönland, Island und im arktischen Norden von Skandinavien bis Sibirien. Dort beginnen sie mit der Brut, sobald der Schnee zu schmelzen beginnt, etwa ab Mitte Mai. Nachdem die Jungen flügge sind, versammeln sich die Gänse zu großen Trupps, um dann gemeinsam die bis zu 6.000 Kilometer lange Reise in die Überwinterungsgebiete anzutreten. Diese Reise verläuft über mehrere Etappen. Anfang Oktober treffen die ersten Schwärme in ihren Rastgebieten Ostdeutschlands ein. Ende Oktober – manche kommen bereits Mitte Oktober – kommen dann größere Verbände zu uns an den Niederrhein. Eltern und

Jungtiere bleiben den gesamten Winter zusammen. Erst auf dem Rückflug, der meist ab Mitte Februar beginnt, trennen sich Eltern und Junge. Der Rückflug erfolgt ebenfalls, wie der Hinflug, über mehrere Stationen.

In den Überwinterungsgebieten benötigen die Wildgänse große, zusammenhängende Feuchtgebiete als Nahrungs- und Ruheflächen. Sie müssen sich hier die dringend benötigten Fettreserven anfressen können, die sie zum Brüten benötigen. Da bei der Ankunft in ihren Brutgebieten noch Schnee liegt, können sie manchmal wochenlang keine Nahrung zu sich nehmen.

*Wenn der Sommer zu Ende geht, sammeln sich die Vögel, um gemeinsam den Flug in den Süden anzutreten.*

*Im Herbst rasten Kiebitze in den ausgedehnten Feuchtwiesen des Niederrheins, um sich für den Weiterflug zu stärken.*

Im September, manchmal sogar noch Anfang Oktober, kann man an den Gewässern des Niederrheins einen Spezialisten unter den Greifvögeln beobachten – den Fischadler. Seine Nahrung besteht aus Fischen, die er im Sturzflug nahe der Wasseroberfläche erbeutet.

*Die seltene Sumpfohreule hingegen besucht den Niederrhein*
*überwiegend erst im Spätherbst und Winter.*

Deshalb ist es für die
Wintergäste aus der Arktis
überlebenswichtig, genügend
und vor allem ruhige
Äsungsplätze zu haben.
Der Niederrhein ist eine
Oase für die nordischen
Gastvögel im industrialisierten
Mitteleuropa. Die weite,
offene Landschaft mit den
zahlreichen Grünland-
und Wasserflächen bietet
ausreichend Rastraum und
Ruhezonen. Ganz sind
Störungen der gefiederten
Gäste in einer besiedelten
Landschaft wie dem Niederrhein nicht zu vermeiden.
Flugzeuge und Hubschrauber
erzeugen die gleichen Flucht-
reaktionen bei Gänsen und
anderen Wasservögeln wie ihr
natürlicher Feind – der
Seeadler. Hubschrauber sehen
zwar nicht aus wie ein
Seeadler, aber dieses Fluggerät
gilt als Feind, da die Gänse
in ihren sibirischen Brut-

*Abendstimmung bei Millingen.*

gebieten unter anderem auch aus dem Hubschrauber bejagt werden. Hinzu kommen direkte Störungen durch den Menschen.

Wenn sich Gänse in größerer Anzahl auf bestellten Äckern niederlassen, sind sie den Landwirten ein Dorn im Auge. Tausende Gänse hinterlassen sichtbare Fraßspuren, die zu Ernteausfällen führen können. Sind in solchen Fällen tatsächlich Schäden entstanden, werden diese vom Land Nordrhein-Westfalen finanziell ausgeglichen.

*Der Wanderfalke ist überwiegend in den Wintermonaten zu beobachten. Seit einigen Jahren gehört er sogar zu den Brutvögeln*

*Zu Tausenden sind im Winter Wacholder- und Rotdrosseln zu beobachten.*

In der weitläufigen Kulturlandschaft des Niederrheins ist
immer wieder ein Greifvogel aus dem hohen Norden zu sehen –
der Rauhfußbussard.

*Seiten 24/25:*
*Winterliche Impressionen im*
*Bereich Dingdener Heide.*

*In den letzten Jahren häufen sich Beobachtungen unseres Wappenvogels,*
*des Seeadlers. Meist handelt es sich dabei um Jungvögel, die, angezogen*
*durch die vielen Wasservögel, manchmal den gesamten Winter*
*hier verbringen. Im beginnenden Frühjahr ziehen sie dann wieder weg.*

Herrscht hier einmal eine
längere Kälteperiode, werden die
Lebensbedingungen für viele
Wasservögel auch am
Niederrhein schwieriger.

Solange keine geschlossene
Schneedecke liegt, findet der
Graureiher auf den Wiesen und
Weiden noch ausreichend
Nahrung.

*Winterlandschaft im
Ooijpolder bei Kekerdom (NL).*

*Das Rotkehlchen – während der Brutzeit recht scheu –
zeigt sich im Winter dem Menschen gegenüber oft sehr zutraulich.*

Den Winter verbringen traditionell hunderttausende Wasservögel am Unteren Niederrhein. Besonders auffällig sind die vielen arktischen Gänse, die in dieser Zeit den Niederrhein bevölkern. Die zahlreichen Wasserflächen sowie großflächige Grünländereien dieser alten Kulturlandschaft wirken wie ein Magnet auf die Wintergäste aus dem arktischen Gefilden. Ein weiterer wichtiger Grund ist das Klima. Verantwortlich dafür ist der Golfstrom, der nicht nur die küstennahen Bereiche, sondern auch den Niederrhein nachhaltig beeinflusst und für ein mildes Klima in den Wintermonaten sorgt.

Die Ansammlungen dieser verschiedenen Wasservögel waren auch der Grund, dass große Teile des Unteren Niederrheins 1983 als Feuchtgebiet von internationaler Bedeutung ausgewiesen wurde.

*Manchmal kann man Ansammlungen von mehreren tausend Enten beobachten. Reiher- und Tafelenten sind dabei zahlenmäßig stark vertreten.*

*Ein beliebtes Rastgebiet für Wasservögel sind die Rheinwiesen des Ooijpolders zwischen Kekerdom und Nijmwegen (NL).*

Zu den Wasservögeln, die hier
brüten und die auch den Winter
hier verbringen, gesellen sich
Tiere der unterschiedlichsten
Arten.
So zum Beispiel Blesshühner
und Pfeifenten (S. 38),
Reiherenten, Haubentaucher
und Schellenten (S. 39).

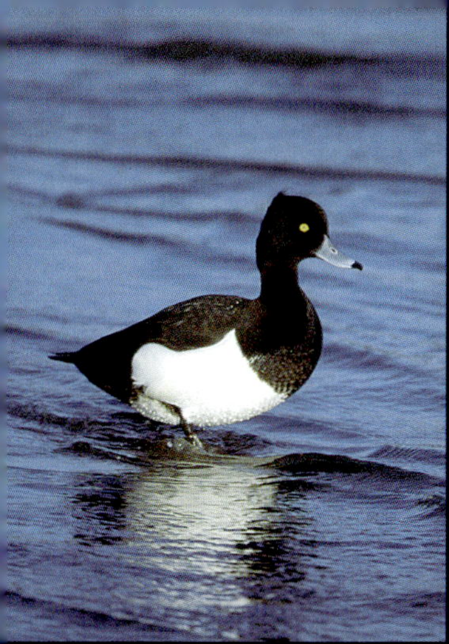
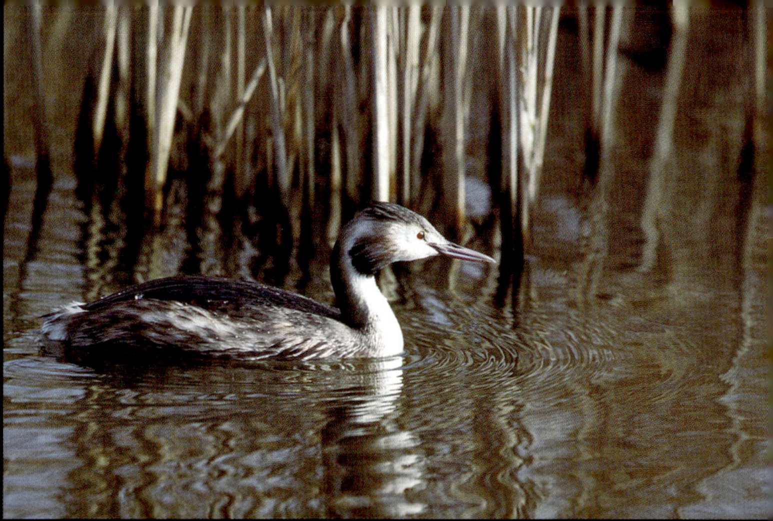
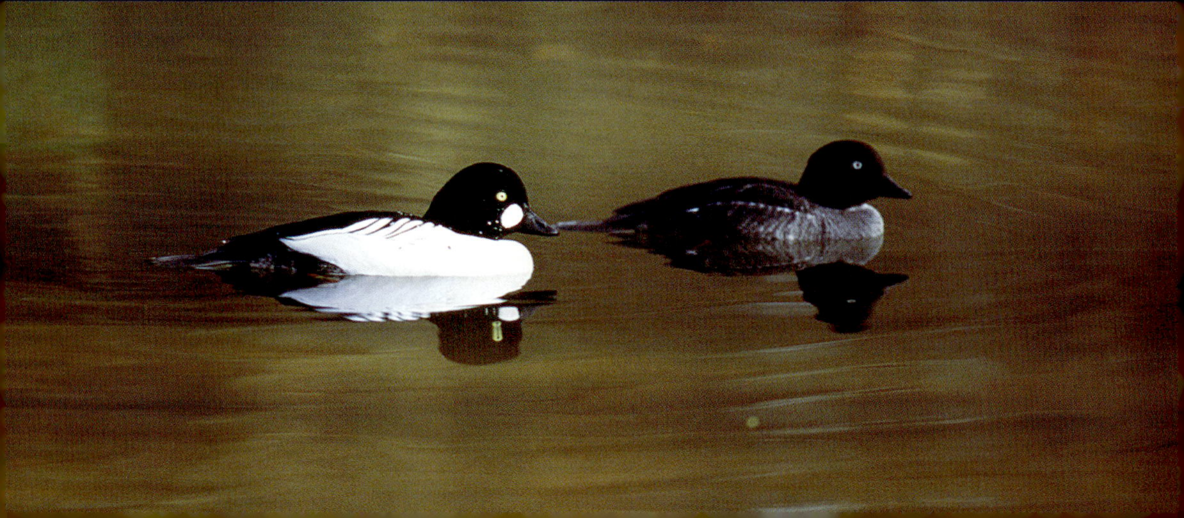

*Neben den genannten Wasservögel sind regelmäßig auch verschiedene Möwen und Kormorane (kleines Bild) anzutreffen.*

*Auch der Große Brachvogel verbringt mit mehreren hundert Exemplaren den Winter am Niederrhein.*

Blässgänse

## Blässgans

Die Blässgans ist von allen am Niederrhein anzutreffenden Gänsen bei weitem die häufigste Art. Dies war nicht immer so. Waren es Anfang der 70er Jahre gerade einmal 2.500, so sind es heute rund 160.000 Tiere. Die weiße Blässe an der Stirn, der rosarote Schnabel und die schwarzen Bauchstreifen sind charakteristische Merkmale der erwachsenen Blässgänse. Den Jungtieren fehlen diese Erkennungszeichen. Ihre Brutgebiete liegen in der Tundra von der russischen Kanin-Halbinsel über das arktische Amerika bis zur Nordküste Grönlands.

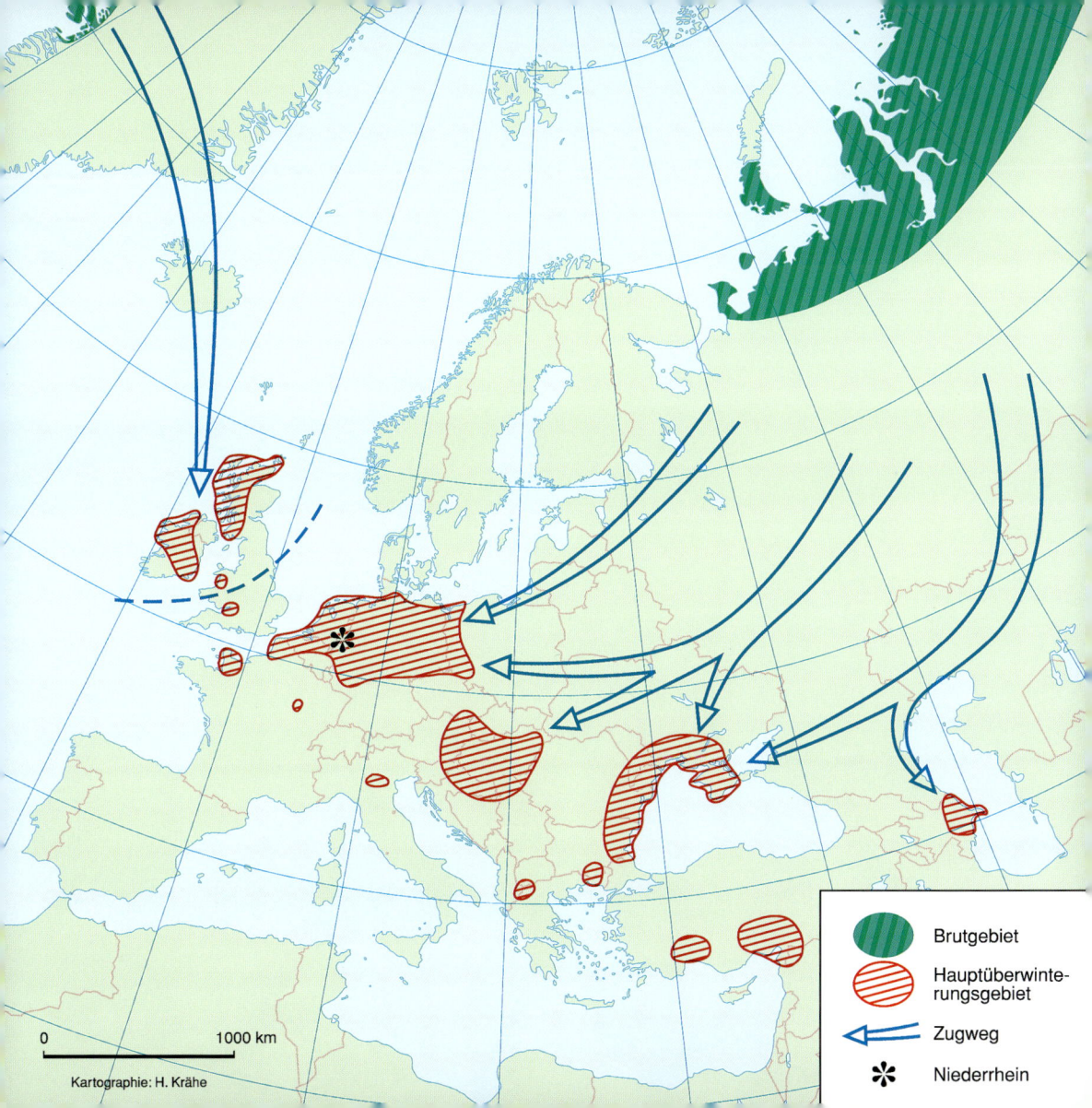

| | |
|---|---|
| ▨ | Brutgebiet |
| ⬭ | Hauptüberwinte-<br>rungsgebiet |
| ⇐ | Zugweg |
| ✳ | Niederrhein |

Kartographie: H. Krähe

0        1000 km

Saatgänse

## Saatgans

Die zweithäufigste Gänseart
ist die Saatgans. Ihr Gefieder
ist wie bei der Blässgans
überwiegend braun. Der
Schnabel ist zweifarbig. Die
Spitze und die Basis ist
schwarz, dazwischen befindet

sich eine orangefarbene
Binde. Die Saatgans ist nach
der Graugans die größte
Gänseart, die in den Wintermonaten hier zu beobachten
ist. Sie brütet in Nadelholz-
und Birkenbeständen der Taiga

oder in der feuchten Tundra
bzw. an der arktischen Küste
vom nördlichen Skandinavien
bis Sibirien.

| | Brutgebiet |
| | Hauptüberwinterungsgebiet |
| | Zugweg |
| | Niederrhein |

0    1000 km

Kartographie: H. Krähe

Graugänse

## Graugans

Die Graugans ist die einzige
Gänseart, die regelmäßig am
Niederrhein brütet und kann
deshalb das ganze Jahr über
beobachtet werden.
Erkennen kann man die
Graugans an ihrem großen
orangefarbenen Schnabel
sowie an ihrem blaugrauen
Gefieder. Sie ist zudem die
größte heimische Gans.
In der Wahl ihres Brutplatzes
ist sie recht vielfältig. Oft
brütet sie an Binnengewässern
im Schilf, Binsen oder Seggen.
Manchmal legt sie sogar ihr
Nest in Kopfbäumen an.

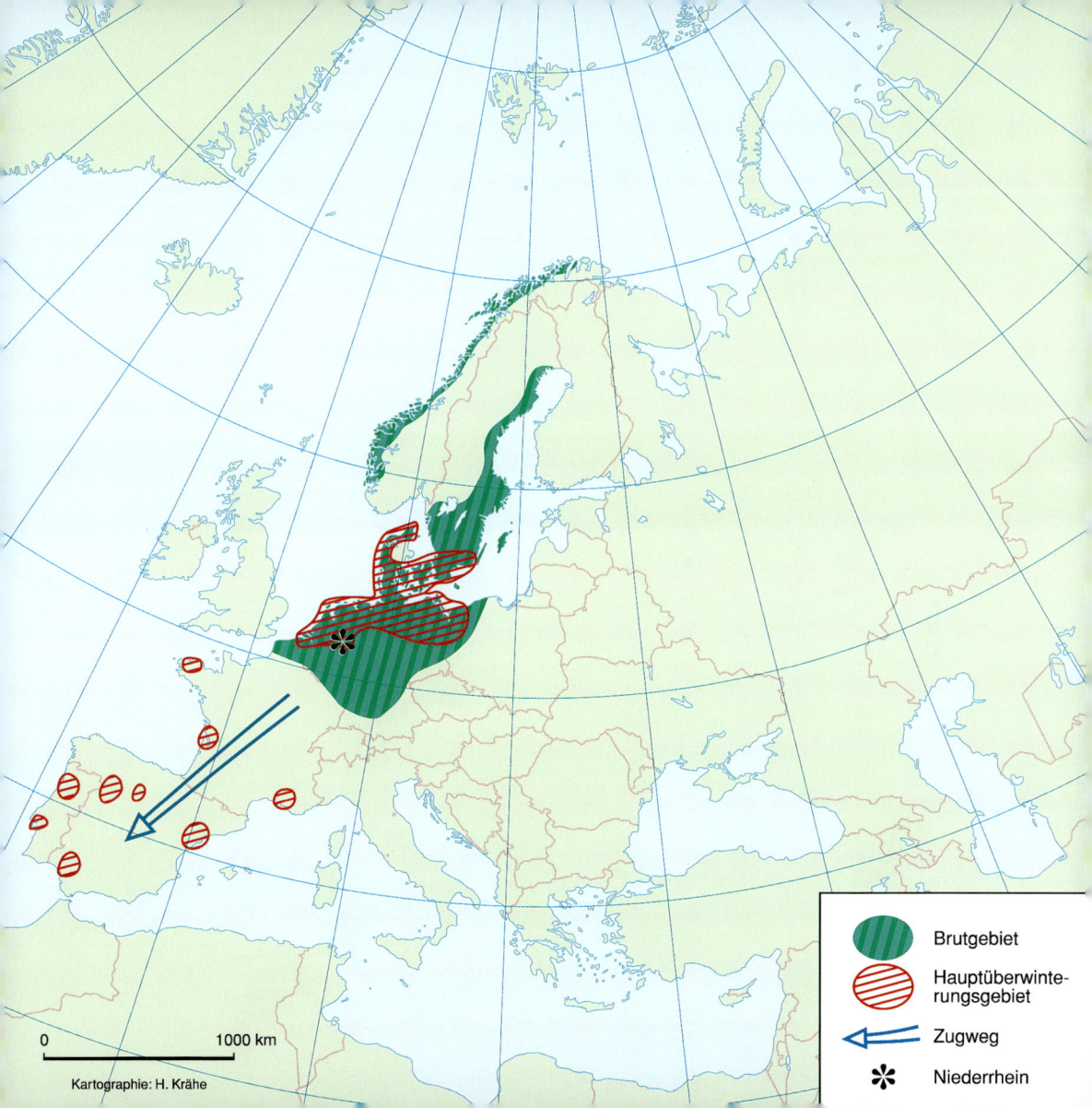

| | Brutgebiet |
| | Hauptüberwinte-rungsgebiet |
| | Zugweg |
| | Niederrhein |

Kartographie: H. Krähe

0          1000 km

Weißwangengänse

## Weißwangengans

Die Weißwangen- oder
Nonnengans ist die viert-
häufigste Gänseart, die bei uns
im Winter anzutreffen ist. In
den letzten Jahren ist ein
Ansteigen der Bestandszahlen
zu verzeichnen. Sie zählt mit zu

den schönsten Gänsen. Leicht
zu erkennen ist sie durch ihre
schwarz/weiße Färbung.
Schnabel, Hals und Beine sind
schwarz, das Gesicht und der
Bauch sind weiß. Ihre Brutgebiete liegen in der Arktis. Sie

nistet kolonieweise auf
den Simsen steiler Felsriffe, an
felsigen Flussschluchten und
Abhängen, manchmal in der
offenen Tundra. Ihre Haupt-
überwinterungsgebiete liegen in
Holland nahe der Küste

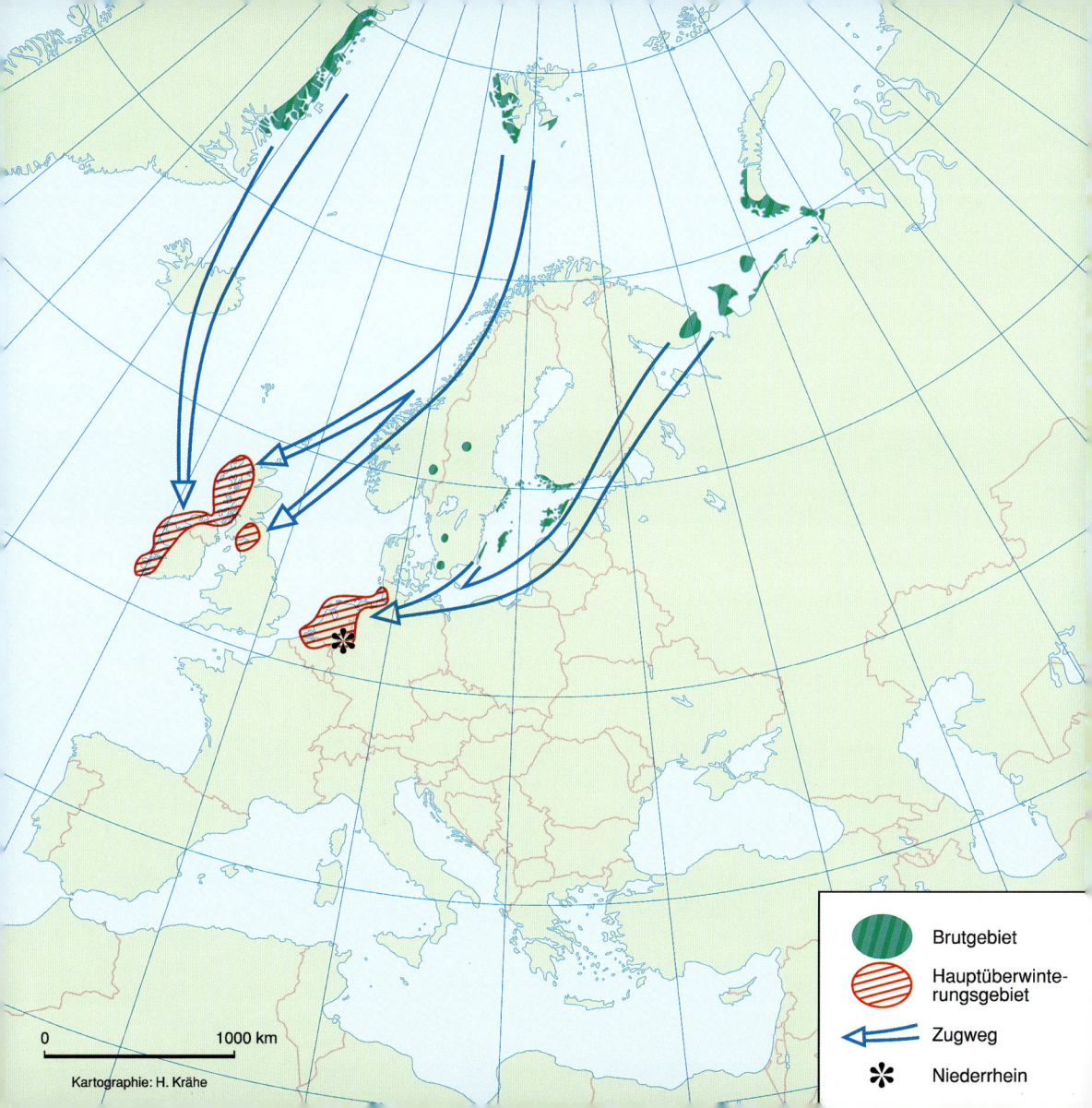

| | Brutgebiet |
|---|---|
| | Hauptüberwinterungsgebiet |
| | Zugweg |
| | Niederrhein |

0       1000 km

Kartographie: H. Krähe

Singschwäne

## Höckerschwan

Dieser Schwan ist das ganze Jahr über zu beobachten, denn er ist auch Brutvogel an verschiedenen Gewässern am Niederrhein. Sein Erkennungs- merkmal ist der orangerote Schnabel. Die Männchen tragen zudem an der Stirn eine schwarze Wulst an der Stirn. Daher auch der Name Höcker- schwan.

## Singschwan

Der Singschwan ist ein regelmäßiger aber seltener Wintergast am Niederrhein. In den 70er und 80er Jahren war er noch häufiger zu beobachten. Leicht vom Höckerschwan zu unter- scheiden ist er aufgrund seines gelb-schwarzen Schnabels. Er unterscheidet sich auch noch durch den steil aufgerichteten Hals und die trompetenartigen Rufe. Das Gelb am Schnabel läuft nach vorne spitz zu. Er brütet auf Island und in der arktischen Tundra. Dort legt er sein Nest auf Inseln in Sümpfen, Mooren und Seen an (Bild oben).

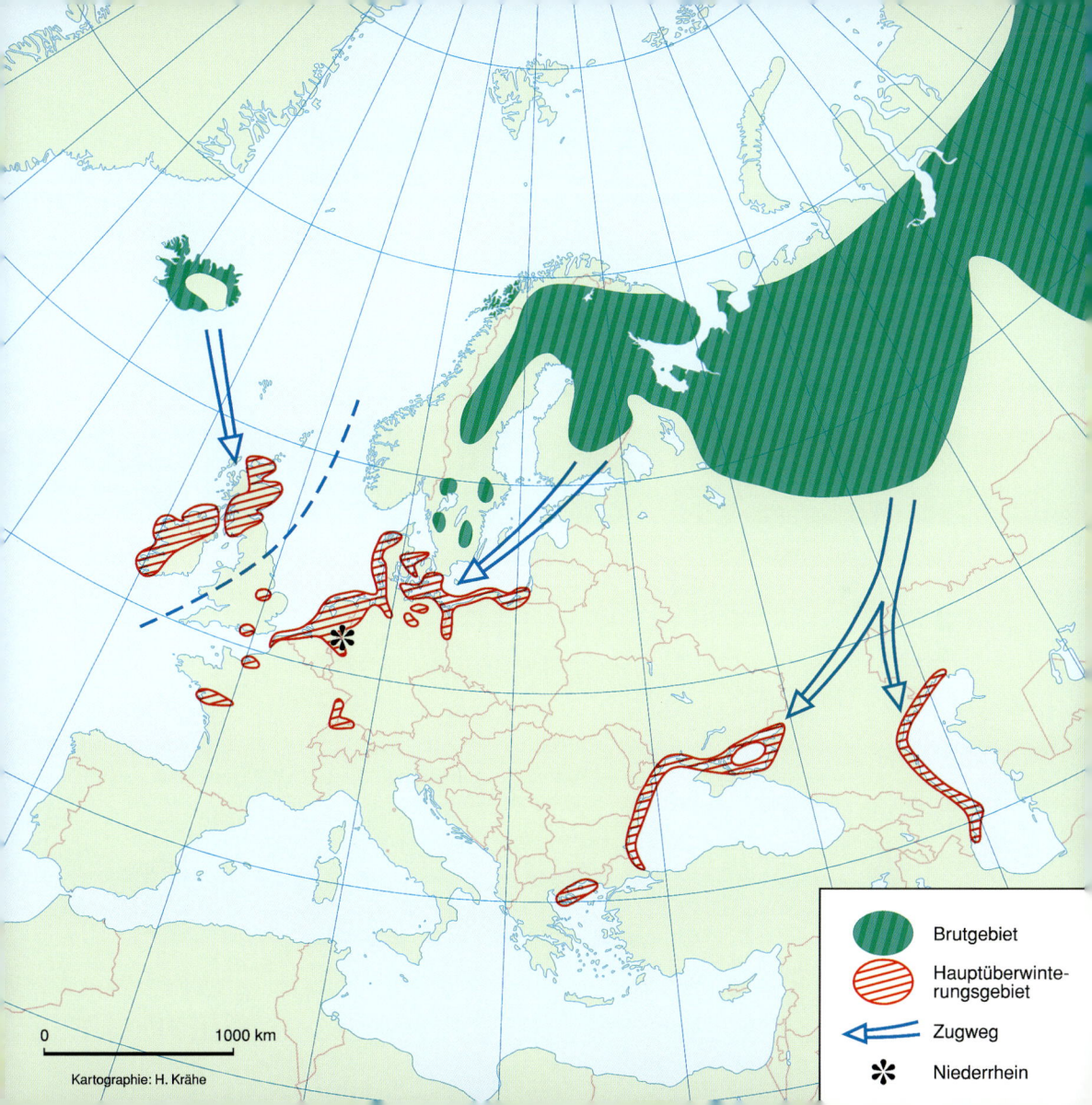

| | |
|---|---|
| Brutgebiet | |
| Hauptüberwinterungsgebiet | |
| Zugweg | |
| Niederrhein | |

0      1000 km

Kartographie: H. Krähe

Zwergschwäne

## Zwergschwan

Der dritte Schwan, der den Winter am Niederrhein verbringt, ist der Zwergschwan. Er ist kleiner als die beiden anderen Schwäne. Allerdings kann man ihn mit dem Singschwan verwechseln, da er ebenfalls wie dieser einen gelb-schwarzen Schnabel hat. Wie der Name bereits erwarten lässt, ist er der kleinste Vertreter der Schwäne. Das Gelb am Schnabel ist im Gegensatz zum Singschwan weniger ausgedehnt und mehr abgerundet. Zwergschwäne treten häufiger als Wintergäste auf als der Singschwan.

| | |
|---|---|
| ▨ | Brutgebiet |
| ⬭ | Hauptüberwinte-rungsgebiet |
| ⬅ | Zugweg |
| ✳ | Niederrhein |

0　　　　1000 km

Kartographie: H. Krähe

Zwerggänse

## Zwerggans

Recht selten ist am Niederrhein die Zwerggans zu
beobachten. Ihr Aussehen
ähnelt sehr stark dem der
Blässgans. Deshalb wird sie
auch fast nicht registriert.
Ein markantes Erkennungs-
merkmal ist der gelbe Augen-
ring. Man muss allerdings die
Tiere sehr genau beobachten,
um dieses Merkmal zu sehen.
Die Zwerggansbestände in
Skandinavien sind mittlerweile
extrem selten geworden.
Dies hängt hauptsächlich mit
der Jagd auf Gänse zusammen.
Blässgänse werden auf
dem Zug und in manchen
Winterquartieren noch häufig
geschossen. Zwerggänse fliegen
meist, vergesellschaftet mit
den Blässgänsen, in die Überwinterungsgebiete. Durch
die Jagd auf die Blässgänse
werden regelmäßig auch
Zwerggänse getötet.
Man will nun versuchen,
künstlich erbrüteten
Zwerggänsen einen sicheren
Zugweg und einen sicheren
Überwinterungsplatz zu
bieten. Dieses Experiment
wurde im Herbst 1999
erstmals durchgeführt. Mit
Erfolg! Einige Gänse wurden
bereits im zweiten Winter
am Niederrhein beobachtet.
In den nächsten Jahren soll
dieses Experiment mit einer
größeren Anzahl von Tieren
solange fortgesetzt werden,
bis sich eine gesicherte
Population etabliert hat.
Vielleicht kann man damit
die Rettung der Zwerggans
herbeiführen.

## Rothalsgans

Die Rothalsgans überwintert
hauptsächlich in Rumänien,
Bulgarien oder in Griechen-
land. Doch kommen in den
letzten Jahren immer wieder

mehrere Tiere nach West-
europa. Auch am Niederrhein
oder in den Niederlanden
kann man in den Winter-
monaten immer wieder

vereinzelt diese wunderschönen
Gänse beobachten.
Sie brüten in der küstennahen
Tundra der Halbinsel Yalmal
und in Westsibirien.

*Die Nilgans, ihre eigentliche Heimat ist Afrika, konnte sich in letzter Zeit als Brutvogel etablieren. Vermutlich waren die ersten Tiere Gefangenschaftsflüchtlinge. Mittlerweile sind sie im Winter regelmäßig zu beobachten. Die Nilgans ist keine echte Gans, sie zählt vielmehr zu den Halbgänsen.*

Gute Beobachtungsmöglichkeit
für nordische Wildgänse

0              10 km

Kartographie: H. Krähe

# Beobachten – ohne zu stören

Damit man die Tiere beobachten kann, ohne sie zu stören, hat die Biologische Station Wesel vier Verhaltensregeln zusammengestellt, die man unbedingt beachten sollte.

- Bleiben Sie im Auto sitzen! Beim Beobachten wirkt das Auto wie ein Tarnzelt und die Fluchtdistanz der Tiere verringert sich.

- Bleiben Sie bitte auf öffentlichen Straßen, benutzen Sie keine Wirtschaftswege, deren Befahren ohnehin oft verboten ist. Fahren und laufen Sie nicht ins Gelände und versuchen Sie nicht in abgelegene Gebiete zu gelangen – hier wiegen Störungen am schwersten.

- Benutzen Sie ein Fernglas! Wir empfehlen den Gebrauch von Ferngläsern mit einer Vergrößerung zwischen 7 x 50 und 10 x 42. So müssen Sie nicht allzu nah an die Gänse heran und können sie trotzdem gut beobachten.

- Wenn mehrere Gänse gleichzeitig den Kopf hochhalten, bedeutet dies „Alarm". Spätestens, wenn viele Gänse den Kopf heben, ist dies ein Zeichen, dass sie sich durch etwas gestört fühlen. Sollten Sie als Beobachter der Störfaktor sein, unterlassen Sie bitte jede weitere Annäherung.

Wenn Sie diese Grundsätze beachten, werden Sie beim Beobachten der Wildgänse viel Freude haben und eindrucksvolle und bleibende Naturerlebnisse mit nach Hause nehmen.

Die Biologische Station Wesel führt in den Monaten Dezember, Januar und Februar Busexkursionen zu den Rastplätzen der Wildgänse durch.

Biologische Station
IM KREIS WESEL E.V.

Die genauen Termine können Sie erfragen unter:
Biologische Station
im Kreis Wesel
Freybergweg 9,
46483 Wesel
Tel. 02 81 / 9 62 52-0
E-mail: info@bskw.de
Internet: www.bskw.de

Weitere Exkursionen bietet an:
NABU-Naturschutzstation e.V.
Bahnhofstraße 4
47559 Kranenburg
Tel. 0 28 26 / 9 20 94

# Weitere Bände der Reihe „Niederrhein erleben"